AF363384

GRAPINIAN,

OU

ARLEQUIN

PROCUREUR.

COMEDIE.

A PARIS,

Chez C. Blageart, Court-neuve
du Palais, au Dauphin.

M. DC. IXXXIV.
AVEC PRIVILEGE DU ROY.

GRAPINIAN

A M***

FAMEUX PROCUREUR.

ONSIEUR,

Quand on a eu la pensée de faire imprimer cette Co-médie, j'ay songé à mes-me temps à vous la dédier,

EPISTRE.

ne pouvant paroiſtre en
public avec une protection
plus illuſtre que la voſtre.
Je ſçay bien que ſi je vous
euſſe conſulté ſur cette petite Piece, vous y auriez
ajoûté des traits ſinguliers,
qui luy auroient fait at-
teindre ce point de perfe-
ction, ſi difficile à trouver
en toutes choſes. Je con-
nois voſtre grand talent
dans les Affaires, & la
penétration que vous avez
dans toutes les Procédures,
qui ſont néceſſaires pour

empeſcher qu'elles ne finiſ-
ſent. Une longue ſuite
d'années vous a découvert
des biais, que le Public ad-
mire, & dont ceux de nos
Confreres, qui exercent la
Profeſſion avec honneur,
vous ſeront eternellement
obligez; car non ſeulement
vous nous avez appris à
tirer les Pieces des Sacs de
nos Parties, pour les re-
mettre à leurs Adverſai-
res; non ſeulement vous
nous avez donné d'utiles
Leçons ſur les adreſſes dont

nous devons nous servir
pour les engager dans de
mauvais Procés ; mais en-
core, nous sçavons par vous
les moyens de les surpren-
dre par des Projets cap-
tieux , & par des Accom-
modemens simulez, en leur
faisant signer des Articles,
qui dans la suite sont la
cause de leur ruine. Enfin
tout ce qu'il y a de plus
subtil dans l'Art lucratif
des Friponneries , c'est à
vos lumieres que nous le
devons. Je ne parle point

EPISTRE.

de toutes vos délicateſſes à
bien ménager les fauſſetez.
Je ne dis rien des dépoſts
que vous avez niez, des
dates de Contraéts que
vous avez changées, &
des noms veritables que
vous avez trouvé moyen
d'effacer, pour y écrire celuy de quelques Perſonnes
ſages, qui en vous ouvrant
leur Bource, vous enga-
geoient à les protéger. Ce
n'eſt pas par des loüanges
ſi peu conſidérables, que je
veux faire éclater voſtre

EPISTRE.

gloire. Elle a des endroits plus solides pour se soûtenir elle-mesme ; & cette quantité de Cliens, que vous avez mis en chemise, prennent soin de la publier tous les jours. Ce qui me touche sensiblement, c'est qu'on vous ait osté les moyens de continuer l'exercice de ce talent admirable, que vous faisiez valoir depuis tant d'années ; mais, MONSIEUR, telle est l'ingratitude du Siecle, & l'injustice des Hommes, qui

EPISTRE.

perſécutent le mérite, &
qui ne peuvent ſoufrir la
vertu. Diſſipez voſtre
chagrin par la lecture de
mes Galanteries; je vais
paroiſtre dans mon Etude,
comme vous eſtiez dans la
voſtre; & le manége que
j'y feray avec mes Parties,
vous divertira peut-eſtre
par le ſouvenir de ce que
vous faiſiez autrefois. Je
m'eſtimeray heureux, ſi
ayant déja réjoüy tant de
Plaideurs, qui, comme
vous ſçavez, rient à leurs

EPISTRE.

dépens, je puis deſennuyèr
un Homme auſſi illuſtre
que vous, dont l'eſtime me
ſera plus glorieuſe que celle
que j'ay acquiſe dans tout
le Royaume. C'eſt le deſſein
que je me propoſe pour vous
témoigner que je ſuis de
tout mon cœur,

MONSIEUR,

Voſtre tres-humble & tres-
obeiſſant Serviteur,
GRAPINIAN

UN PLAIDEUR
AU LECTEUR.

L y a environ un an
& demy que les Co-
médiens Italiens re-
préſenterent une Piece inti-
tulée, *La Matrone d'Epheſe,*
ou *Arlequin Procureur.* Comme le ſuccés en fut fort grand,
ils la joüerent pres de trois
mois, & le bruit qu'elle fit
alla ſi loin, que mes Amis de
la Province m'écrivirent plu-

sieurs fois pour me prier de la leur envoyer, si elle estoit imprimée. L'utilité que le Public en peut tirer, me fit employer toute sorte de moyens pour l'avoir. Enfin apres beaucoup d'intrigues, on me la remit toute entiere entre les mains, avec la Lettre dédicatoire ; mais comme les deux premiers Actes sont Italiens, & que leurs agrémens dépendent de la Représentation, on m'a conseillé de faire imprimer le troisiéme seul, qui est la Comédie d'Arlequin Procureur. On l'attribuë à quatre ou

cinq

cinq diférentes Perſonnes; mais de quelque endroit qu'elle vienne, les Italiens n'en ont guére repréſenté de meilleures; car ſans parler du caractere de la Matrone, & de celuy du Grand-Preſtre de Diane, qui profane l'Autel de la Déeſſe par ſon avarice, celuy du Procureur eſt incomparable. Arlequin qui le repréſente ſous le nom de Grapinian, ne dit qu'une fort petite partie des tours qui ſe font parmy ſes Confreres; & me trouvant un jour à cette Comédie pres d'un Procureur, je le vis en colere con-

é

tre l'Autheur de la Piece, aſſurant qu'il n'entendoit pas le Palais, & qu'un Clerc de trois mois en diroit dix fois davantage. Son dépit doit faire juger des galanteries de ceux de ſa Profeſſion, quand ils ſont de mauvaiſe foy. Ce qu'on croit devoir ajoûter icy, eſt qu'on n'a jamais eu le moindre deſſein de joüer aucun Procureur en particulier; mais on m'a dit qu'on avoit pris en general les friponneries qu'on a faites autrefois, & qu'on fait peuteſtre encore aujourd'huy. Arlequin dans ſon Etude,

& sa conversation avec ses Cliens, découvre l'adresse de plusieurs Procureurs, qui parlant à leurs Parties, songent plutost à attraper leur argent, qu'à défendre leurs interests. Nous autres Plaideurs, nous pouvons aussi penser que ce que nous voyons sur le Théatre, se passe comme on nous le représente, & nous devons nous tenir sur nos gardes avec d'autres Grapinians plus dangereux, qui nous peuvent faire des tours bien plus violens que ceux qu'on nous montre à l'Hôtel de Bourgogne. En effet, en voicy un

qui peut estre raconté. Il y a
quelque temps qu'un ancien
Procureur, qui autant qu'il
avoit pû, avoit exercé la Pro-
fession avec toute l'exacti-
tude imaginable, se trouvant
avec un de ses Amis, & parlant de certaines petites faci-
litez qui se pratiquent dans
les Affaires, dit, qu'estant
Procureur d'un grand Sei-
gneur dont tout le Bien estoit saisy, & ayant obtenu
plusieurs Provisions pour luy,
il en voulut avoir une nou-
velle de vingt mille francs.
Je le confirmay dans cette
pensée, ajoûta ce Procureur,

& je n'avois garde de m'y oppofer, puis que j'avois part au Gâteau. Je fis donc la demande, & on m'en debouta, parce que le plus ancien Procureur des Creanciers faififfans, & celuy qui pourfuivoit les Criées, le défendirent en Gens d'honneur; mais je fus bien furpris, quand apres avoir perdu ma Caufe, ces deux mefmes Procureurs me trouvant le lendemain à la Grand'Chambre, me tirerent à part, & me dirent tout-bas à l'oreille, qu'il ne tenoit qu'à moy d'avoir les vingt mille francs que je voulois. Je leur demanday le moyen. Pour un habile Homme comme vous, reprit l'un, s'y prend-on de la forte? Hé, morbleu, mon Amy, continua l'autre, radotez-vous, & n'entendez-vous plus le Palais? Ne faut-il pas que tout vive? Il n'y a qu'un mot à cela, cent Piftoles à chacun, & nous vous allons paffer voftre Provifion. Vous voyez bien, ajoûta-t-il, qu'on fe met à la raifon, & qu'il n'y a perfonne au monde affez ftupide, qui refufe dix-huit mille francs pour une fi petite fomme.

Et alors se prenant tous deux à rire, ils me toucherent dans la main, & me dirent que ma maniere d'agir les avoit surpris. Je leur demanday si ma procédure n'estoit pas réguliere. Non, me dirent ils, elle ne l'estoit pas, puis que vous avez manqué vostre Cause. On agit toûjours régulierement, quand on obtient ce qu'on poursuit, de quelque façon qu'on l'attrape. Mais, Messieurs, leur repartis-je, que diront vos Parties, s'ils découvrent la chose ? N'entrez point dans ce détail, reprirent-ils, chacun sçait son mestier. C'est à dire, ajoûtay-je, que vous me vendez tous deux leurs interests pour deux cens Pistoles. Ma refléxion les fit éclater de rire, & ils me demanderent depuis quand j'estois devenu si scrupuleux, & qu'ils voyoient bien que sur mes vieux jours je voulois faire semblant d'avoir de la conscience. Ha, vieux Pecheur, dirent-ils, tu mourras dans ton peché aussi bien que les autres. Enfin je leur donnay deux cens Pistoles, & ils m'accorderent dix-huit mille francs, dont je tiray

ma part en Homme d'hon-
neur.

On pourroit icy ajoûter
quantité d'autres semblables
galanteries ; mais elles sont
si communes, qu'on ne di-
roit rien de nouveau. Ainsi
on renvoye le Lecteur aux
discours de Grapinian, qu'on
doit lire avec refléxion, afin
que l'on tire de l'utilité &
du plaisir des tours d'adresse
qu'il va debiter.

de luy, à peine aux Contrevenans de trois mille livres d'amende, confifcation des Exemplaires contrefaits, & de tous dépens, dommages & interefts, ainfi que plus au long il eft porté par ledit Privilege.

Regiftré fur le Livre de la Communauté le 4. Janvier 1684.

Signé, ANGOT, Syndic.

Ledit Sieur Darennes a cedé fon Privilege à C. Blageart Imprimeur-Libraire, pour en joüir fuivant l'accord fait entr'eux,

Achevé d'imprimer le 5. jour de Janvier 1684.

ACTEURS.

COQUINIERE, ancien
   Procureur.
GRAPINIAN, nouveau
   Procureur.
LA MATRONE D'EPHESE
UNE PLAIDEUSE.
UN MARQUIS.
LE PAGE DU MARQUIS.
LE CLERC DE GRAPI-
   NIAN.
UN VOLEUR.
UN CHAPELIER.
UN PATISSIER.

La Scene est à Paris.

ARLEQUIN,
PROCUREUR.
COMEDIE.

SCENE I.
COQUINIERE,
GRAPINIAN.
COQUINIERE.

VOVS ne ferez ja-
mais rien dans nô-
tre Meftier, fi vous
n'avez à voftre difpofi-
tion un Notaire, un Ser-

A

gent, & un Greffier ; mais un jeune Procureur, qui a ces trois cordes à son Arc, peut tout risquer & tout entreprendre.

GRAPINIAN.

Voila trois dangereuses Bestes à gouverner.

COQUINIERE.

Hé, j'en suis bien venu à bout sans miracle. Dans toute sorte de Professions, il y a des Esprits revéches & farouches, qui vont toùjours droit, & qui se font fait un calus de

l'honneur de leur Mê-
tier. Fy, ce n'eſt pas
ces Gens-là qu'il faut
chercher, ce ſont des
Brutaux qui ne ſont bons
à rien; mais il y en a d'autres plus humains, & plus
ſociables, qu'on peut a-
privoiſer avec de l'argent.
C'eſt à ceux-là qu'on doit
s'adreſſer, & c'eſt ſur leur
avidité qu'il faut regler le
ſuccés de toutes les Af-
faires.

GRAPINIAN.

Bonne morale!

COQUINIERE.

Un Homme qui vou-
droit faire fon Meftier
dans l'ordre, n'auroit
pas mille écus de profit
au bout de l'an. Autrefois
nous avions plus de Pra-
tiques que nous ne vou-
lions; mais à prefent il les
faut aller chercher; &
encore fi un Procureur
n'eft alerte, il ne gagne
pas pour défrayer fa Mai-
fon.

GRAPINIAN.

Il eft vray qu'on ne

plaide plus qu'à son corps
défendant.

COQUINIERE.

M' Grapinian, je m'af-
sure que vous n'avez pas
trente ans.

GRAPINIAN.

Hé, environ.

COQUINIERE.

Le bel âge pour bien
travailler !

GRAPINIAN.

Ho, laiffez-moy faire.

COQUINIERE.

Il faut que vous foyez
une Balourde, si apres les

Préceptes que je vay vous
donner, vous n'avez dans
quatre ans ruiné cent Fa-
milles, & acquis dix Mai-
sons dans Paris.

GRAPINIAN.
Dix Maisons dans Paris !

COQUINIERE.
Oüy, dix Maisons dans
Paris ; & par dessus cela,
un bon Carrosse pour vô-
tre Femme.

GRAPINIAN.
L'habile Homme !

COQUINIERE.
Tel que vous me voyez,

à l'âge de quarante ans,
j'avois déja amaffé deux
cens mille livres de bon
Bien; & fi en ce temps-
là, les Femmes de Procu-
reur euffent ofé porter de
la dorure fur leurs Ha-
bits, & avoir des Car-
roffes, la mienne en au-
roit eu à bonnes enfei-
gnes; mais la mode n'en
eftoit pas encore venuë.

GRAPINIAN.

Mr Coquiniere, de grace,
donnez-moy de bonnes
Inftructions pour ne plus

aller à pied. Je ſçay déjà
tout le petit Manége de
l'Etude ; mais je ne ſçay
pas encore les coups de
Maiſtre, qui font aller en
Carroſſe.

COQUINIERE.

Doucement, douce-
ment, on ne va pas ſi
viſte dans noſtre Meſtier.
Dites-moy auparavant,
aimez vous bien l'argent?
Vous ſentez-vous d'hu-
meur à tout faire pour en
amaſſer?

GRAPINIAN.

Malepeste, si j'aime l'argent?

COQUINIERE.

Bon, tant-mieux, vous voila déja à demy Procureur. Mon Fils, attache-toy aux Saisies réelles, aux Préferences de deniers; remuë Ciel & Terre pour estre Procureur des bonnes Directions ; & sur tout, ne t'endors jamais sur une Consignation; c'est le vray Patrimoine des Procureurs. Qu'on ne vous voye que rarement aux Audiances ; apliquez-vous aux Procés par écrit, & multipliez si adroite-ment les Incidens, & la Procédure, qu'une Affaire blanchisse dans voftre Etude, avant que d'eftre jugée. Sur tout, prenez garde de ne consentir ja-mais à aucun Arreft dé-finitif, c'eft la pefte des Etudes.

GRAPINIAN.

On voit bien que vous l'entendez.

COQUINIERE.

Dans noſtre Meſtier, le vray talent & le grand gain, c'eſt de beaucoup écrire.

GRAPINIAN.

Mais que dire en tant d'Ecritures?

COQUINIERE.

Que dire ? Le pauvre Homme ! Il faut dire des ſottiſes, des impertinences, des ſupoſitions, des fauſſetez ; & quand on eſt à bout, on a recours aux invectives, & aux injures.

GRAPINIAN.

C'eſt l'entendre, çela.

COQUINIERE.

Tu vois que je te parle en Pere, & que je te découvre les entrailles de noſtre Profeſſion. Que je feray conſolé en mourant, ſi je te vois ſuivre le bon chemin où je te meʋs! Voila, mon Fils, les Préceptes les plus ſolides que mon honneur & ma conſcience m'obligent de te donner, ſi tu veux établir ta fortune.

GRAPINIAN.

Mr Coquiniere, la, fran-
chement, dites-moy com-
bien voftre Etude me
vaudra-t-elle par an?

COQUINIERE.

Hé, cela n'ira pas loin
de deux mille francs , la
Maifon défrayée.

GRAPINIAN.

Deux mille francs ! deux
mille francs ! Vous vous
moquez ; ce n'eft pas là
dequoy avoir un Habit
d'Eté pour ma Femme. Je

B

ne veux point de voſtre
Pratique.

COQUINIERE.
Voſtre Femme le porte
donc bien haut !

GRAPINIAN.
Haut, comme les autres
Procureuſes.

COQUINIERE.
Hé, mon Dieu, douce-
ment , les deux mille
francs ne font que le courant de l'Etude ; mais le
tour du Baſton , & le ſça-
voir faire , valent encore
mille bonnes Piſtoles par
an.

GRAPINIAN.

Ha, si cela est, l'Affaire change de face. Hé-bien, Mr Coquiniere, retenez pour vous le courant de l'Etude, & vendez-moy le tour du Baston, & le sçavoir faire.

COQUINIERE.

L'un ne va pas sans l'autre ; & puis que vous avez signé le Contract, vous aurez le tout en-semble. Hé, que vous me remercîrez avant qu'il soit un an!

GRAPINIAN.

Que je feray de mal avant qu'il foit fix mois! Un Chien enragé n'eft pas fi dangereux qu'un jeune Procureur. Malheur à ceux qui tomberont fous ma coupe.

SCENE II.

LA MATRONE, GRAPINIAN.

A MATRONE.

HE'-bien ? estes-vous content de la Charge que je vous ay achetée ?

GRAPINIAN.

Je viens d'estre instruit par un vieux Routier qui m'a donné de bonnes leçons. Il m'a découvert

jι fqu'aux entrailles de la
Profeſſion. A préſent que
j'y vοy clair, je fεray mer-
veilles.

LA MATRONE.

Mais quand prétendez-
vous m'épouſer?

GRAPINIAN.

Ne vous mettez en
peine de rien. En cinq
ou ſix mois paſſez dans
la Charge, je batray
bien du Païs. De la ma-
niere que j'ay le cœur fait,

Fripon autant qu'on peut l'eftre, je fuis affuré que dans ces fix mois j'avray amaffé dequoy vous donner de la dorure par deffus la tefte, avec un Carroffe au bout. Ce fera le moyen de faire bombance en nous mariant.

LA MATRONE.

Et vous me tiendrez parole quand vous aurez acquis tant de Bien?

GRAPINIAN.

Je vous la tiendray de

reste. Allez, il faut que j'acheve de dicter une Piece qui est fort pressée. *A son Clerc.* Prenez le rôle que vous avez commencé tantost. Je me souviens de l'endroit où nous sommes demeurez.

SCENE III.

ARLEQUIN *dans son Etude, qui dicte à un de ses Clercs.*

GRAPINIAN *dicte.*

ET pour faire connoistre la chicane de la Demanderesse, *il repete,* la Chicane de la Demanderesse, produit quatre Pieces, produit quatre Pieces, sous la Cotte G. lesquelles ....

LE CLERC.

Cotte G.

GRAPINIAN.

Lefquelles.... Vous écri-
vez bien doucement?

LE CLERC.

On n'écrit pas douce-
ment; mais c'eft que vous
dictez trop vifte, & qu'on
ne peut vous fuivre.

GRAPINIAN.

On ne peut me fuivre?
Oh ne vous y trõpez pas;
je ne veux point de Clerc
ceans, qu'il ne faffe qua-
tre-vingts rôles de Grof-

ſes par jour. Vous ne pou-
vez me ſuivre? Voyons,
s'il vous plaiſt , comment
vous vous y prenez. *Il re-*
garde le Papier où le Clerc
a écrit , & *le jettant ſur le*
Bureau , il dit, Comment
diable? Je ne m'étonne
pas ſi vous allez ſi doucement; vous mettez qua-
tre mots à une ligne; voila
le moyen de faire une
bonne Maiſon. Que cela
ne vous arrive plus. Je ne
veux pas qu'on mette
plus de deux mots & une

virgule à chaque ligne?
Pefte! De ce train-là, vous
envoyeriez bien toft le
Procureur à l'Hôpital.
Quatre mots à une ligne!
Fy, c'eft fe moquer. Qua-
tre mots à une ligne!
Quand il eft à fon Bureau,
il dit, A-t-on envoyé en-
lever les Meubles de ce
Maître à dancer?

LE CLERC.
Non, Monfieur.

GRAPINIAN.
Eft-ce qu'il prétend
payer fon terme en gam-
bades?

LE CLERC.

Il dit qu'il ne peut tirer un double de ses Ecoliers.

꧁꧂꧁꧂꧁ ꧁꧂꧁꧂꧁ ꧁꧂꧁꧂꧁

SCENE IV.

GRAPINIAN. *Un Voleur de grand Chemin.*

LE VOLEUR *aux Clercs.*

Monsieur Grapinian est-il icy?

LE CLERC.

Oüy, Monsieur.

LE VOLEUR *à Grapinian.*

Monſieur, je ſuis voſtre Serviteur.

GRAPINIAN *ſe levant de ſa Chaiſe.*

Monſieur, je ſuis le voſtre.

LE VOLEUR.

Un petit mot, Mon-ſieur, s'il vous plaiſt.

GRAPINIAN *s'approchant de luy.*

De quoy s'agit-il pour voſtre ſervice?

LE VOLEUR.

Comme vous eſtes le

plus honneſte Homme de
tous les Procureurs, je
viens à vous, pour vous
prier de m'aider de voſtre
bon conſeil, dans une pe-
tite bagatelle qui m'eſt
arrivée.

GRAPINIAN.
Dites, Monſieur.

LE VOLEUR.
En paſſant ſur le grand
chemin, j'ay rencontré
un Homme monté ſur
une Mazete. C'eſtoit un
Marchand qui venoit de
la Foire. En paſſant, il m'a

heurté rudement. *Il heurte Grapinian, qui fait trois ou quatre pas, & se touchant le coude, il répond,* Assez, Monsieur.

LE VOLEUR *continuë.*

Moy me sentant heurté, je luy ay dit, Que veut celuy-là avec sa Rosse? Cet Homme prenant le party de son Cheval, met pied à terre, & se jette à mon col. Nous nous batons, & je le terrasse. Comme il n'estoit pas le plus fort, il s'échape de

mes mains, & s'enfuit. Il
est vray, Monsieur, qu'en
nous roulant à terre, il
laissa tomber quelque ar-
gent de sa poche.

GRAPINIAN *entendant*
le mot d'argent.

Hom, hom.

LE VOLEUR.

Il y pouvoit bien avoir
environ vingt Pistoles.

GRAPINIAN.

Hom, hom.

LE VOLEUR.

Voyant qu'il avoit ga-
gné au pied, je ramasse

l'argent, je monte fur fon Cheval, & je fuis revenu comme fi de rien n'eftoit. A cette heure on m'a dit que ce Coquin-là, Monfieur, (*Grapinian fait une revérence,*) fait informer contre moy, comme contre un Voleur de grand chemin. Voyez s'il y a la moindre apparence. Je vous prie de me dire, où peut bien aller cette Affaire-là?

GRAPINIAN.
Ma foy, fi cette Affaire

est menée un peu chau-
dement, elle pourroit
bien aller tout droit à la
Gréve.

LE VOLEUR.
Diable!

GRAPINIAN.
Quelqu'un a-t-il vû
l'action?

LE VOLEUR.
Non, Monsieur.

GRAPINIAN.
Tant - mieux. Il faut
cõmencer par faire met-
tre le Cheval sous la clef;
car si ce Marchand vient

à le découvrir, n'ayant
point de Témoins, il ne
manquera jamais de le
faire interroger fur Faits
& Articles, & vous feriez
perdu.

LE VOLEUR.

Hé, Monfieur, il n'y a
rien à craindre ; c'eft une
Roffe, qui ne peut pas
defferrer les dents.

GRAPINIAN.

Ne vous fiez-pas à cela.
Nous voyons tous les
jours un Témoin müet,

faire bravement roüer
son Homme.

LE VOLEUR.
Peste!

GRAPINIAN.
Ca, ça, il ne faut point
perdre de temps, & il
faut au plûtost faire in-
former le premier. Les Témoins seront diablement
chers cette année.

LE VOLEUR.
Pourquoy?

GRAPINIAN.
C'est qu'on ne leur fait
plus de quartier, & qu'on

en pend autant qu'on en
trouve ; cela eſt fâcheux.
Cependant il en faut
avoir, à quelque prix que
ce ſoit.

LE VOLEUR.

Ma foy, Monſieur, vous
aurez bien de la peine, car
il n'y avoit perſonne ſur
le chemin.

GRAPINIAN.

Bon, bon. Nous y en
ſcrons bien trouver. *Il eſt*
un peu de temps ſans rien
dire, & apres il continuë de
la ſorte. Je ſonge qu'il y

a deux bas-Normans qui
travaillér ordinairement
pour moy, mais ils font
un peu batus de l'oyfeau,
& ils fortent d'une Af-
faire, où fans moy, (vous
m'entendez bien,) ils ne
fe rembarqueront qu'à
bonnes enfeignes.

LE VOLEUR.

Tenez, Monfieur, for-
tons d'Affaires; voila une
Bourfe de vingt Piftoles.

GRAPINIAN.

Cela n'eft tout-au-plus

que pour un Témoin, &
ils font deux.

LE VOLEUR.

Je n'ay plus d'argent.

GRAPINIAN.

N'avez-vous pas quel-
ques Nippes, quelques
Bijoux, quelque vieux
Diamant? En ces occa-
fions-cy, il fe faut fai-
gner.

LE VOLEUR.

Tenez, Monfieur, voila
un Diamant de trente
Louis, & une Montre,
qui en peut bien valoir

douze; ajuſtez l'Affaire.

GRAPINIAN.

Je pourray bien pour l'amour de vous, avancer encore cinq ou ſix Piſtoles, & puis vous compterez à la fin.

LE VOLEUR.

Monſieur, faites; je m'abandonne entre vos mains, je me remets à vôtre diſcrétion.

GRAPINIAN.

Allez, laiſſez-moy faire; ce ſera un grand hazard, ſi avec mes deux Té

 Arlequin,

moins, je n'envoye voſtre Marchand aux Galeres.

LE VOLEUR.

Adieu, Monſieur. *Il s'en va, & Grapinian l'appelle.*

GRAPINIAN.

Monſieur, Monſieur, un petit mot. Vous avez-là une Brandebourg remarquable; ſi voſtre Partie la reconnoit, il ne manquera jamais de vous faire arreſter. Croyez-moy, évitons les malheurs, laiſſez-moy voſtre Brandebourg; les Archers

font alerte, & je ferois
fâché qu'on vous prift au
fortir d'icy. *Il luy ofte fa*
Brandebourg.

LE VOLEUR.

Au moins, prenez garde
qu'elle ne fe perde.

GRAPINIAN.

N'ayez pas peur; je
m'en vay la faire para-
pher *ne varietur.*

Le Voleur s'en eftant allé, Grapi-
nian continuë.

Vingt Piftoles, un Dia-
mant, une Montre, une
Brandebourg. Ne vaut-il

pas autant que je profite
de cela, qu'un Prevoſt?
Auſſibien ce Coquin-là ſe
va faire roüer au premier
jour. *Eſtant retourné à ſon
Bureau, il dit.* Ces Mar-
chands de Vin m'ont-ils
envoyé les deux demy-
muids qu'ils m'avoient
promis?

LE CLERC.

Non, Monſieur.

GRAPINIAN.

Non? Hé-bien, bien,
leur Affaire ira comme je
boiray.

SCENE IV.

GRAPINIAN,
MARAUDIN *Sergent.*

MARAUDIN.

MOnsieur Grapinian
est-il icy?

GRAPINIAN.

Ha morbleu, M^r Ma-
raudin, vous m'avez pen-
sé perdre.

MARAUDIN.
Comment?

D

GRAPINIAN.

Je vous avois prié de faire un Commandement datté de l'an 1647. pour cette Affaire qui eſt ſur le Bureau.

MARAUDIN.

Hé-bien, ne l'ay-je pas d'abord fait?

GRAPINIAN.

De par tous les Diables, ouy, vous l'avez fait; mais au lieu de le datter d'un jour utile, vous l'avez datté d'un Dimanche.

MARAUDIN.

Il est vray que je n'a-
vois point d'Almanach de
l'an 1647. & j'ay mis la
datte à la bouleveuë.

GRAPINIAN.

Que-diable n'en veniez
vous prendre un chez
moy ? Vous sçavez que
j'en ay de plus de cent
ans de suite.

MARAUDIN.

Une autre fois je seray
plus circonspect.

GRAPINIAN.

Cependant si les Juges

découvrent ce petit ma-
nége, ils ne manqueront
pas de dire que je ſuis un
Fripon; & vous ſçavez
dans voſtre conſcience,
que ce que j'en ay fait,
n'eſt que pour vous obli-
ger, & pour faire gagner
ma Partie; car ſans cela,
Il ſifle, le Procés eſtoit
flambé. A propos, Mr Ma-
raudin, ſouvenez-vous
que dans le Decret de ces
Marchands de Bois, j'oc-
cupe pour neuf Perſon-
nes, ſous le nom des Pro-

cureurs que je vous ay nommez ce matin. Que les Significations aillent un peu du bel air.

MARAUDIN.

Ne vous en mettez pas en peine, je feray ma Charge. De ce train-là, vous allez faire une bonne Maiſon.

GRAPINIAN.

Les cinq ou six premieres années, on travaille un peu chaudement à ſes affaires.

MARAUDIN.

Guare le heurt.

GRAPINIAN.

Bon , bon , guare le heurt. Mon Amy, il n'y a rien de tel que d'établir sa fortune; apres on se fait des Amis, on tâche de se faire Marguillier.

MARAUDIN.

Vous, Marguillier ?

GRAPINIAN.

Oüy-dea, Marguillier. C'est un tres-bon Vernis sur la réputation d'un Procureur.

MARAUDIN *en s'en allant.*

O le franc Scelérat, le franc Scelérat !

GRAPINIAN *feul.*

Il faut que je me dé-faffe de ce Fripon-là, il gafteroit toutes mes affaires. Voyez un peu quelle brutalité ; datter une Fauffeté d'un Dimanche !

SCENE V.

LE MARQUIS, GRA-PINIAN, UN PAGE, UN CLERC.

LE CLERC.

MOnsieur, un Page demande à vous parler.

GRAPINIAN.

Un Page! La mode en est dõc revenuë? Ces Gens-là ont-ils des Affaires? N'est-ce pas plûtost quelque mauvais Train qu'on a délogé? Faites le venir. *seul.* C'est peut-estre aussi quelque Enfant de bonne Maison, qui voyant qu'il n'y a plus rien à faire avec les Gens de qualité, me vient demander une place dans mon Etude, mais je n'en ay point à luy donner.

LE PAGE.

Monsieur, c'est M^r le Marquis de Grimouche, qui demande à vous parler.

GRAPINIAN.

Qui?

LE PAGE.

Je vous dis que M^r le Marquis de Grimouche demande à vous parler.

GRAPINIAN.

Si c'est pour peu de temps, qu'il vienne. *ſeul.* Viſites de Marquis n'a-chalandent guéres une Etude; car outre qu'ils ſont ignorans en Affaires, ils empeſchent un Procu-reur de faire les ſiennes.

LE MARQUIS *paroiſt.*

Ha, bonjour, Mr Grapinian ; bonjour, Mr Grapinian. Que je ſuis gros
de vous voir! Je me fais
un vray plaiſir de vous
embraſſer, & ſans une
groſſe Affaire qui m'a un
peu dérangé, je n'aurois
pas eſté ſi longtemps ſans
vous dire, que je ſuis, morbleu, tout à vous. Sans
contredit, vous n'avez
pas un meilleur Amy, &
plus chaud que moy. *En
diſant cela, il le tient par*

la main, & luy secouë le bras.

GRAPINIAN.

Ny plus estropiant.

LE MARQUIS.

Dieu sçait comme je m'en explique.

GRAPINIAN.

Vous feriez bien mieux de vous expliquer de certains Frais qui me font encore dûs. Vous autres Gens de qualité, quand vous avez frapé deux coups sur l'épaule du Procureur, vous croyez que c'eſt de l'argent comptant , & qu'un peu de bienveillance acquite vos debtes. *En luy montrant ſes Clercs.* M^r le Marquis, on ne nourrit pas quatre Clercs avec des complimens; & nous autres Procureurs, nous n'écrivons que pour toucher de l'argent.

LE MARQUIS.

Ho, je le ſçay-bien, je le ſçay-bien; mais, Dieu-mercy, Mr Grapinian , je ne vous dois plus rien.

E

GRAPINIAN.

Vous ne me devez plus rien! Et cette Requeste de salvation de trente rôles, qui me la payera? Vous sçavez que j'y ay passé deux nuits. *à ses Clercs.* Hola, où est la Requeste de M^r le Marquis?

LE CLERC.

La voila, Monsieur.

GRAPINIAN.

Comme les Gens de qualité n'ont pas plus d'argent qu'il ne leur en faut,&que d'ailleurs vous me faites l'honneur de m'aimer, je ne prendray que vingt ſols du róle. Il y a trente róles, ce n'eſt que trente francs.

LE MARQUIS.

S'il n'y a que cela, bien que le Jeu m'ait un peu coulé à fond, j'ay encore dequoy vous payer. Tenez, M' Grapinian, voila une Piece de quatre Piſtoles, prenez dix Ecus, & me rendez quatorze francs. *Grapinian tenant la Piece, ſonge, & le Mar-*

 Arlequin,

quis continuë. Quoy? vous
fongez?

GRAPINIAN.

Je fonge qu'il ne vous
faut rien rendre.

LE MARQUIS.

Il ne me faut rien ren-
dre? Ne m'avez-vous pas
dit qu'il ne vous falloit
que vingt fols du róle?

GRAPINIAN.

Oüy.

LE MARQUIS.

De voftre propre aveu,
la Requefte n'a que trente
róles, qui font trente livres.

GRAPINIAN.
Cela eft vray.

LE MARQUIS.
Je vous en donne qua-
rante-quatre.

GRAPINIAN.
J'en demeure d'accord.

LE MARQUIS.
Il me femble donc que
je compte jufte, quand je
vous en demande qua-
torze.

GRAPINIAN.
Vous comptez bien,
mais vous redemandez
mal. Quand je fis voftre

Requeste, le Raporteur
estoit si hasté de juger,
que je fus contraint d'en-
tasser vos raisons les unes
sur les autres, & obligé
de metre en trente rôles,
ce qu'on ne pouvoit dire
qu'en quarante-quatre.
Présentement que l'Af-
faire est jugée, & que
nous avons loisir d'éten-
dre nos Défences, je
m'en vais faire ajoûter les
quatorze rôles, qui man-
quent. *Aux Clercs.* Hola,
vous autres, brochez-

moy viste quatorze rôles de Grosse, pour achever la Requeste de M^r le Marquis. Je pense qu'il y en a là de tous faits.

LE MARQUIS.

Mon pauvre Mr Grapinian, puis que mon Affaire est jugée, pourquoy y ajoûter encore quelque chose?

GRAPINIAN.

Ce n'est pas par intérest ce que j'en fais, mais pour mon honneur ; & je ne veux pas qu'il forte une

paire d'Ecriture de mon
Etude, fans y avoir don-
né la derniere main. At-
tendez, cela va eftre fait
tout-à-l'heure.

LE MARQUIS.

Non, mon Amy, je ne
puis pas, je cours ce foir
le Bal ; j'eftois venu pour
vous parler d'une Affaire,
mais ce fera pour une au-
tre fois. Adieu, noftre
Amy.

GRAPINIAN.

Laiffez-donc un de vos

Gens pour emporter la Requeſte.

LE MARQUIS.

Un de mes Gens? Quoy, j'irois moy ſeul dans les Ruës avec trois Laquais? Hé vous vous moquez, Mr Grapinian, on me croiroit à l'Hôpital. Laquais, fais tourner mon Carroſſe.

GRAPINIAN *au Laquais.*

Prens-garde qu'il ne verſe.

LE MARQUIS.

Adieu, noſtre Amy. Hé,

un peu de part à vos bon-
nes graces. Je suis mor-
bleu tout à vous.

GRAPINIAN.

Vous la prẽdrez quand
vous reviendrez.

LE MARQUIS.

Oüy, oüy.

GRAPINIAN *seul.*

Il faut avoüer que l'ar-
gent devient bien rare
parmy la Noblesse! Voyez
un peu, un Marquis à
Page me demander un
misérable reste de qua-
torze francs!

SCENE VI.

GRAPINIAN,
LE CHAPELIER.

LE CHAPELIER.

Bonjour, Mr Grapinian.

GRAPINIAN *à ses Clercs.*

Qu'on prenne demain quinze Apointemens fur ces quinze Doffiers.

LE CHAPELIER.

Hé-bien, mon Affaire eft-elle jugée?

GRAPINIAN.
Non.

LE CHAPELIER.
Comment, non! & pourquoy?

GRAPINIAN.
Parce que voſtre Affaire ne vaut pas le Diable, & que je n'y veux pas travailler.

LE CHAPELIER.
Mon Affaire ne vaut pas le Diable! C'eſt bien autre choſe que cela.

GRAPINIAN.
Je vous dis qu'elle ne

vaut pas le Diable, ce qu'on appelle, pas le Diable.

LE CHAPELIER.

Que deviendra donc le Chapeau de Castor que j'ay donné au Secretaire de mon Raporteur ?

GRAPINIAN.

Un Chapeau de Castor! Vray Castor ? *En s'éle-*
vant.

LE CHAPELIER.

Et des meilleurs qui se fassent. Voila le pareil que je raporte chez moy.

GRAPINIAN *le prenant entre*
ses mains, & le maniant.

A propos de voſtre Af-
faire ; n'eſt-ce pas un Pa-
tiſſier avec qui vous avez
eu du bruit dans la Ruë?

LE CHAPELIER.
Oüy, Monſieur.

GRAPINIAN.
Qui vous a dit des in-
jures ?
LE CHAPELIER.
Oüy, Monſieur.
GRAPINIAN.
Et qui vous a frapé?

LE CHAPELIER.

Oüy, Monfieur.

GRAPINIAN.

Vous avez rendu voftre Plainte?

LE CHAPELIER.

Vrayment! je le crois.

GRAPINIAN *mettant le Caftor fur fa tefte.*

Ha, je me remets voftre Affaire. Elle eft bonne, & je la gagneray.

LE CHAPELIER.

Monfieur, que je vous feray obligé!

F ij

GRAPINIAN.

Préſentement que je l'ay en teſte, je vous dis que je la gagneray. Laiſſez-moy ſeulement quatre Piſtoles pour commencer les Informations.

LE CHAPELIER.

Tres-volontiers. Mais au moins, Monſieur, que je n'en aye pas le démenty.

GRAPINIAN.

Tenez-moy pour le plus grand Fripon de tous les Procureurs, ſi je ne vous

en fais fortir à voftre honneur.

LE CHAPELIER *voulant*
reprendre fon Caftor de la
tefte de Grapinian.

Monfieur, le Chapeau....

GRAPINIAN *l'en empefchant,*
& le pouffant hors de fon Etude.

Allez, vous dis-je.

LE CHAPELIER.
Mais le Chapeau....

GRAPINIAN.
Demeurez en repos.

LE CHAPELIER.
Il eft de commande, &
il faut que je l'aille porter....

GRAPINIAN.

Ne vous embaraſſez point. Allez-vous-en, vous dis-je ; je m'en vais luy faire bannir ſa Boutique à perpétuité.

LE CHAPELIER.

Il eſt pour un Homme qui....

GRAPINIAN.

Je vous dis encore un coup, que j'ay voſtre Affaire en teſte, & qu'elle n'en ſortira pas. *Seul.* C'eſt un Pérou que l'Etude d'un Procureur.

Aux Clercs. A-t-on achevé cette Requeste?

LE CLERC.

Il y en a déja deux cens
rôles de faits.

GRAPINIAN.

Achevez le reste en di-
ligence, car on dit que
les Parties sont en termes
d'accommodement.

SCENE VII.

GRAPINIAN,
LE PATISSIER.

LE PATISSIER.

Monsieur Grapinian y est-il?

LE CLERC.

Oüy, Monsieur.

LE PATISSIER.

Monsieur, pourrois-je vous dire un mot?

GRAPINIAN.

Mon Maistre, qu'y a-t-il

pour voſtre ſervice?

LE PATISSIER.

Je voudrois bien vous
parler, s'il vous plaiſt.

LE PATISSIER.

Tres-volontiers. *E.*
voyant un Garçon qui
porte quelque choſe. Ap-
prochez, mon Enfant.

GRAPINIAN.

On m'a dit, Monſieur,
que vous eſtiez Procureur
contre moy dans une pe-
tite Affaire qui m'eſt arrivée.

GRAPINIAN.
Qui est vostre Partie?

LE PATISSIER.
C'est un Chapelier.

GRAPINIAN.
Tenez, il ne fait que
de sortir d'icy.

LE PATISSIER.
Ha, Monsieur, c'est un
méchant Homme.

GRAPINIAN.

Bon, à qui le dites-vous?
Je n'ay jamais veu un
Homme plus endiablé, &
plus acharné au Procés.

LE PATISSIER.

Il ſe vante par tout qu'il me fera faire Amende honorable.

GRAPINIAN.

Il fera bien pis, ſi je ne l'en empeſche; mais je ne veux pas qu'il pouſſe à bout un honneſte Homme comme vous.

LE PATISSIER *à ſon Garçon.*

Approche, Champagne. Monſieur, c'eſt un petit plat de mon Meſtier que je vous apporte.

GRAPINIAN *touchant*
le Pasté.

C'eſt toûjours quelque choſe; mais, noſtre Amy, le Criminel va diable-ment viſte, & il y a déja bien du papier broüillé.

LE PATISSIER.

Je m'en vais vous rendre ſur le champ tout ce que vous avez débourſé.

GRAPINIAN.

Vous ne ſçauriez mieux dire. Ecoutez, je ne ſuis pas un Tyran, & je vous en fortiray pour peu de chofe.

LE PATISSIER *ouvrant fa Bourfe, & la luy préfentant.*

Tenez, Monfieur, pre-nez.

GRAPINIAN.

Ha, vous me comblez. Puis que vous en agiffez ainfy, je ne prendray que vingt écus. Vous voyez que ce n'eft que le pa-pier.

LE PATISSIER *fe gratant la tefte.*

Monfieur, je ne regarde pas apres vous, pourveu

G

que vous tiriez l'Affaire
en longueur.

GRAPINIAN.

Je vous vais mettre
avec mes Penſionnaires.

LE PATISSIER.

Qui ſont vos Penſion-
naires?

GRAPINIAN.

Ce ſont de bonnes Gens
comme vous, qui me don-
nent tous les ans quelque
choſe pour les laiſſer en
repos; les uns mille frãcs,
les autres quatre cens livres, les autres dix Piſto-

les, qui plus, qui moins,
suivant que l'Affaire est
de conséquence. Voyez-
vous ce gros Sac? C'est
contre un Homme de la
premiere qualité, que je
laisse joüir de tout son
Bien à la barbe de ses
Creanciers. Ce seroit une
terrible chose, si nous fai-
sions tout le mal que
nous pouvons faire! Il
faut estre humain en cer-
taines occasions, & ne
pas pousser des Gens qui
s'aident, qui viennent au

G ij

devant de vous, & qui
vous liënt les mains, en
vous donnant quelque
chofe pour les laiſſer en
repos.

LE PATISSIER.

Dieu vous conſerve,
M⁺ Grapinian, pour tous
ceux à qui vous rendez
ſervice.

GRAPINIAN.

Vous eſtes bien heureux
d'eſtre tombé entre mes
mains !

LE PATISSIER.
Pourveu que vous ti-

riez l'Affaire en longueur.

GRAPINIAN.

Allez, je vous promets, foy d'Homme d'honneur, que d'un an d'icy on ne fera une pance d'*a* contre vous. *Seul.* Vingt écus! Si cela continuë, il me faudra un Cofre fort.

G iij

＊＊＊＊＊ ＊＊＊＊＊ : ＊＊＊＊＊

SCENE VIII.

GRAPINIAN,
UNE PLAIDEUSE.

LA PLAIDEUSE *entrant.*

HA, bon Dieu, je fuis perduë, je fuis ruinée. Ha, voleur de Grapinian, je t'étrangleray. *Les Clercs courent pour la retenir.*

GRAPINIAN.

A qui en veut cette Fole?

LA PLAIDEUSE.

Tu m'appelles Fole, Coquin, apres m'avoir ruinée? Tu m'avois dit que ma Caufe eftoit bonne, & je viens de la perdre avec dépens.

GRAPINIAN.

Cela n'empefche pas qu'elle ne fuft bonne, mais tres-bonne, & une des meilleures de mon Etude. *à part.* J'en ay déja touché plus de huit cens francs.

LA PLAIDEUSE.

C'eſt donc par cet en-
droit que tu la trouves
bonne?

GRAPINIAN.

Ha, que de babil! Si
vous n'eſtiez pas ſi empor-
tée, je vous ferois voir au
doigt & à l'œil, que vous
gagnez voſtre Cauſe, en
perdant voſtre Procés;
mais comme je ſuis un
Fripon, un Coquin....

LA PLAIDEUSE.

Mais faites-moy donc
comprendre par où je

vous suis si obligée?

GRAPINIAN.

N'est-ce pas un coup de vray Amy, d'avoir tiré la principale Piece de vostre Sac, pour en faire un Moyen infaillible de Requeste Civile contre l'Arrest d'aujourd'huy? Vous pleurez présente-ment; mais que vous ri-rez dans cinq ou six ans d'icy, quand la Requeste Civile sera gagnée, & qu'il y aura de bons gros dommages & intérests,

qui excéderont deux fois
la somme qu'on vous
doibt: On sçait bien qu'il
n'y aura rien à perdre
pour moy; mais alors le
Procureur ne sera plus
un Fripon. C'est une
chose pitoyable, de voir
comme on traite les Gens
d'honneur de nostre Pro-
fession. Nous avons beau
travailler nuit & jour,
passer les nuits à écrire,
avancer nostre argent,
perdre nostre temps; a-
pres tout cela, bon, les

Procureurs ſont encore
des Fripons. Voila en un
ſeul mot toute la récom-
penſe de nos peines.

LA PLAIDEUSE.
Mr Grapinian, je ne veux
point râter de Requeſte
Civile.

GRAPINIAN.
Que vous eſtes fole !
Sans Requeſte Civile, les
Affaires n'ont point de
gouſt ; c'eſt la Roquem-
bole du Procés.

LA PLAIDEUSE.
Gardez voſtre Ragouſt

pour quelqu'autre Plai-
deufe. Pour moy, je veux
m'accommoder, & paffer
une Tranfaction qui ter-
mine toutes mes Affaires.

GRAPINIAN.

Toutes vos Affaires!
Et depuis quand plaidez-
vous, ne vous en déplaife?

LA PLAIDEUSE.

Depuis treize ans; &
me voila, Dieu mercy &
vous, auffi avancée que
le premier jour.

GRAPINIAN.
Quoy, il n'y a que treize

ans? On voit bien que
vous n'estes qu'une No-
vice. Allez, allez, il faut
avoir pitié de vous.

LA PLAIDEUSE.

Non, Mr Grapinian, je
veux m'accommoder.

GRAPINIAN.
Ce ne sera pas de mon
avis toûjours.

LA PLAIDEUSE.
Et pourquoy?

GRAPINIAN.
Parce qu'un Procureur
qui sçait son mestier, ne

confent jamais aucun Accommodement.

LA PLAIDEUSE.

Mais....

GRAPINIAN.

Mais, cela eft contre les Statuts de nôtre Communauté. Malepefte, je m'attirerois tous mes Confreres à dos, s'ils fçavoient qu'à mon âge j'euffe côfenty une Tranfaction. C'eft tout ce que pourroit faire un de nos Anciens à l'agonie, encore y penferoit-il à deux fois, oüy.

LA PLAIDEUSE.

Quoy, si je vous priois de m'en dresser une?..

GRAPINIAN.

Vous auriez beau me prier, je ne le pourrois pas faire en conscience. Donnez-moy seulement quatre cens cinquante livres pour la consignation de la Requeste civile, & allez vous mettre au Lit pour vous reposer, car vous estes bien échaufée. *à part.* Il faut avoüer que je n'ay guére de fiel! Un autre que moy, apres les injures.... Mais je mets tout cela sous les pieds.

LA PLAIDEUSE.

Juste Ciel! bailler encore quatre cens cinquante livres!

GRAPINIAN.

Le temps de la Recolte viendra.

LA PLAIDEUSE.

On a beau se fâcher contre ces boureaux de Procureurs, ils attrapent toûjours voſtre argent. *à part.* Dans le dépit où

je fuis, je donnerois vo-
lontiers tout mon Bien à
quelque honnefte Hom-
me, qui m'en feroit joüir
en patience le refte de
mes jours. A la fin il faudra que je me marie.

GRAPINIAN.
Mademoifelle, combien
avez-vous de Bien ?

LA PLAIDEUSE.
Combien j'ay... Ne le
fçavez - vous pas ? J'ay
trois cens mille bonnes
livres, & vous en avez
tous les Papiers.

GRAPINIAN *à part.*

Trois cens mille livres *!* Peste, quelle aubaine *!* Mademoiselle, je suis vô- tre Homme ; vous ne sçauriez mieux faire que de m'épouser.

LA PLAIDEUSE.

Oüy, vous épouser ! Et on dit que vous estes ma- rié avec la Matrone ?

GRAPINIAN.

Ce n'est qu'en atten- dant mieux. Quel âge avez-vous ?

LA PLAIDEUSE.

J'ay environ quatre-
vingts ans.

GRAPINIAN.

Hé, morbleu, touchez-
là. Pour trois ou quatre
ans qu'il vous reste en-
core à vivre, il faut vous
les faire passer joyeuse-
ment.

LA PLAIDEUSE.

Mais, M.ᵣ Grapinian, si
la Matrone reprend la
Charge?

GRAPINIAN.

J'y ay mis bon ordre.

Le Contract n'eſt pas fait en faveur de mariage; c'eſt une Vente pure & ſimple, où j'ay fait mettre, *compté, nombré, & payé des deniers dudit S.* *Grapinian.* Peſte ! cela tient comme teigne.

LA PLAIDEUSE.

Mais, M. Grapinian, m'aimerez-vous du bon du cœur ?

GRAPINIAN.

Si je vous aimeray ! Peut-on haïr une Femme qui donne trois cens

mille livres ? Je vous ado-
reray.

LA MATRONE *qui l'entend*
parler de la sorte.

Tu l'adoreras, perfide,
traître !

GRAPINIAN *à la Matrone.*
Madame, on prend son
bon quand on le trouve.
Vous avez pendu le Dé-
funt pour moy ; vous
pourriez bien me roüer
pour un autre.

LA MATRONE *s'en va en*
pleurant, apres avoir dit quelque
autre chose qui ne fait rien à
cette matiere.

GRAPINIAN *se tournant vers sa vieille Plaideuse, luy met une Fontange, & ayant pris son Eventail, il l'évente.*

Ha, le joly cœur de Femme! Allons, je vous veux mettre sur un bon pied pour voſtre argent.

SCENE VIII·

GRAPINIAN, LA PLAIDEUSE, LE CHAPELIER, LE PATISSIER, M^r LE BAILLY.

LE CHAPELIER *arreſtant Grapinian par le bras.*

TRouveriez - vous bon auparavant, de vous ſoulager de mon Chapeau de Caſtor, & de mes quatre Piſtoles? Il faut rendre gorge,

Monſieur le Fripon.

LE PATISSIER.

Allons, Mr Grapinian, de bonne grace, ſans vous faire preſſer, rendez-moy mes vingt écus. Diable ! vos Penſions ſont trop cheres.

GRAPINIAN.

Hé, Meſſieurs, ne me perdez pas ; c'eſt aujour-d'huy le jour de mes Nô-ces. Je feray plutoſt vos Affaires *gratis*.

LE CHAPELIER.

Quoy, Fripon, tu veux

que nous t'aidiõs à trom-
per une Femme?

LA PLAIDEUSE.

Voila de bien honneſtes
Gens!

LE CHAPELIER.

Il faut tout-à-l'heure
que la juſtice en ſoit faite.
Bon. Voila à-propos M[r]
le Bailly.

LE BAILLY.

Qu'eſt-ce-cy, mes En-
fans?

LE CHAPELIER.

Ce n'eſt pas grand'
choſe; c'eſt un Procureur,

qu'il faut faire pendre,
Fripon s'entend.

LA PLAIDEUSE.

Cela s'en va fans dire.

LE BAILLY.

Il y a donc un grand
defordre dans cette Pro-
feffion? J'en cherche un,
qui fait plus de mal luy
feul, que tous les autres
enfemble. Noftre Greffe
n'eft remply que de Plain-
tes & d'Informations
contre luy.

GRAPINIAN.

Franchement, M' le

Bailly, il y a bien des Fripons dans noſtre Mêtier;
il n'en faut ainſi que trois
ou quatre pour décrier
tous les autres.

LE BAILLY.

Celuy que je cherche,
s'appelle Pian, Grapian,
Gramian.

GRAPINIAN.
Ouf.

LE CHAPELIER.
Grapinian?

LE BAILLY.
Juſtement, c'eſt celuy-
là.

LE CHAPELIER.

Le voila, Monfieur.

LE BAILLY.

Quoy, c'eft là ce fameux Fripon dont tout le monde fe plaint ? Il faut qu'il foit pendu fur le champ.

GRAPINIAN.

Hé, Monfieur, pour l'honneur du Corps....

LE BAILLY.

C'eft pour l'honneur du Corps qu'il te faut pendre tout-à-l'heure, pour châtier un Scélerat, qui def-honore Meſſieurs les Procureurs. La Potence eſt dreſſée, qu'on l'y mene.

GRAPINIAN.

M꜀ Coquiniere me l'a donnée belle, avec ſon Carroſſe. De ce train-là je n'iray qu'en Charette.

FIN.